_____ 드림

케이블루의
11가지 스티치로 완성하는
프랑스 자수

케이블루의
11가지 스티치로 완성하는
프랑스 자수

초판 1쇄 인쇄 2018년 11월 21일
초판 1쇄 발행 2018년 11월 28일

지은이 김소영

발행인 장상진
발행처 (주)경향비피
등록번호 제2012-000228호
등록일자 2012년 7월 2일

주소 서울시 영등포구 양평동 2가 37-1번지 동아프라임밸리 507-508호
전화 1644-5613 | **팩스** 02) 304-5613

ⓒ 김소영

ISBN 978-89-6952-300-6 13630

· 값은 표지에 있습니다.
· 파본은 구입하신 서점에서 바꿔드립니다.

케이블루의
11가지 스티치로 완성하는 프랑스 자수

김소영 지음

경향BP

Prologue

무더운 여름의 한가운데에서 자수와의 전투를 벌였습니다.
체력과 정신이 바닥이 난 상태라 몇 번이고 포기하고 싶었지만
마음을 다잡고, 또 다잡고 시간이 지나 이렇게 프롤로그를 쓰게 되었습니다.
힘이 들 때마다 마음속으로 여러번 되뇌는 말.
"이 또한 지나가리라.…"

힘들기도 했지만, 중간중간 좋은 아이디어가 나오거나, 좋은 스케치가 나오거나,
완성 후 생각보다 좋은 작품으로 나왔을 때 그 뜨겁고 짧을 희열이
징검다리가 되어 시냇물을 건너 여기까지 붙들고 온 듯합니다.
원고를 넘기기 직전까지 성에 차질 않아, 마쳤다 싶으면 작업을 또 다시 하고,
좀 더 추가하고…. 오는 길은 멀고 험난했으나 길 끝에 다다라서는
아쉬움에 자꾸 뒤를 돌아보며 목적지까지 천천히 걸어갑니다.

열한 가지의 기초적인 스티치로 간단한 그림부터 복잡한 그림까지 표현해보았습니다.
어려운 스티치는 없기에 초보자들이 접근하기 매우 쉽지만,
단순한 스티치로 면을 메우는 작업이 녹록지는 않습니다.
물감으로 쓱쓱 메워낼 그림들을 연필로 한 줄씩 그어 메우는 것처럼,
화려한 기법으로 메워주면 더 빨리 끝나버릴 그림들인데
간단한 스티치로 메워가니 시간은 더욱 오래 걸릴 거예요.
하지만 차분히 완성해나가다 보면 씨익 미소 짓게 되는 멋진 작품이
당신의 손에 들려있을 것입니다.

용기를 내어 지금 바늘을 들어보세요!

Contents

Embroidery Preparation

프롤로그   5   자수 도구   8
                     자수 기본   10

Stitch Technique

스티치 기법 11가지

1	러닝 스티치	12
2	백 스티치	12
3	아우트라인 스티치	12
4	새틴 스티치	13
5	레이지 데이지 스티치	13
6	프리 스티치	13
7	프렌치 노트 스티치	14
8	스트레이트 스티치	14
9	그라니토스 스티치	14
10	플라이 스티치	15
11	백스플리트 스티치	15

Embroidery Work

11가지 스티치로 완성하는 프랑스 자수

1	꽃과 모자 _ 베개 & 테이블매트	22
2	소년, 소녀, 아기 오리 _ 와펜 & 턱받이	26
3	꽃밭 위 강아지 _ 필통	30
4	내 이름은 삐삐 롱스타킹 _ 스트링 파우치	34
5	화분 삼형제 _ 브로치	38
6	펭귄 가족 _ 캔버스 액자	42
7	on the Table _ 에코백	46
8	강아지 산책 _ 캔버스 액자	50
9	빈티지 숍 _ 자수틀 액자	54
10	다람쥐 커플 _ 캔버스 액자	58
11	착한 마음 _ 캔버스 액자	62
12	열두 띠 동물 _ 캔버스 액자	66
13	숲속의 소녀 _ 자수틀 액자	70
14	꽃밭에서 _ 쿠션	74

Embroidery Tools

자수 도구

1 자수천
작품에서 사용한 리넨은 면과 리넨이 섞인 하프 리넨과 100% 퓨어 리넨입니다. 리넨은 올이 얇은 11수 리넨부터 올이 두꺼워 조직이 굵은 4수 리넨까지 다양합니다. 작품에 잘 어울리면서 세탁이 용이하고, 구김이 덜한 패브릭을 선택하세요.
※책에 사용한 패브릭 : 아이보리 리넨, 내추럴 리넨, 무명

2 실
작품에 사용한 실은 dmc 25번사, 애플톤 울사, 모쿠바리본입니다. dmc 25번사는 가장 흔히 쓰이는 면사로 6가닥으로 되어 있으며 작품에 따라 1가닥, 2가닥, 3가닥 등 사용 가닥수를 표기했습니다. 애플톤 울사는 울로 만들어진 1가닥의 실로 풍성하고 내추럴한 질감을 줍니다. 메탈릭사는 금속 질감의 실입니다. 금색이나 은색을 표현할 때 사용합니다.
※책에 사용한 실 : dmc, 울사, 리본

3 바늘
프랑스 자수용 바늘은 일반 바늘과는 다르며 바늘귀가 더 큽니다. 호수가 클수록 굵으며 가닥수에 따라 바늘의 크기를 달리 사용합니다.
※책에 사용한 바늘 : 9호~7호 바늘

4 수성펜/열펜
수성펜은 도안을 그릴 때 사용하며, 물을 뿌리면 지워지는 특징이 있습니다. 열펜은 도안을 그릴 때 사용하며, 열을 가하면 선이 지워지는 특징이 있습니다(드라이기, 다리미 사용).

5 시침핀
도안을 옮겨 그릴 때 자수천에 도안을 고정하기 위해 사용합니다.

6 실가위
자수를 놓으면서 실을 자를 때 사용합니다. 작고 뾰족한 가위를 사용하면 좋습니다.

7 재단가위
천을 자를 때 사용합니다.

8 수틀
패브릭의 면이 울지 않게 깔끔하게 수놓기 위해 사용하거나 장식용으로 걸어둘 때 사용합니다. 수를 놓을 때에는 지름 10cm 정도의 작은 수틀을 사용하는 것이 좋습니다.

9 핀쿠션
여러 호수의 바늘을 사용하므로 여러 바늘을 꺼내놓고 사용하거나 보관하기에 용이합니다.

자
천을 재단할 때, 도안을 그릴 때 사용합니다.

트레이싱지/초크페이퍼
트레이싱지(일명 기름종이)는 도안 위에 올려놓고 똑같이 베껴 그릴 수 있는 종이입니다. 자수천 위에 초크 페이퍼(일명 먹지)를 올리고 그 위에 베낀 도안을 올려 나오지 않는 볼펜 등으로 꾹 눌러 도안으로 옮깁니다.

Embroidery Basic

· 자수 기본 ·

도안 옮기기
① 패브릭에 바로 수성펜으로 도안을 그립니다.
② 책에 있는 도안을 트레싱지에 옮긴 다음, 초크페이퍼를 이용하여 다시 패브릭에 옮겨서 그려줍니다.

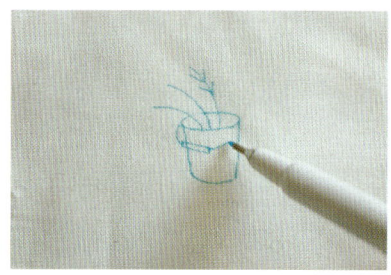 

실 보관하기
실은 30~40cm 정도로 잘라서 사용하면 엉킴을 방지할 수 있습니다. 작품에 따라 2~3가닥을 뽑아서 사용합니다. 구입한 실은 보빈에 감아두고 보관하는 게 좋습니다.

실 가닥수에 적합한 바늘
• 1~2가닥 : 8~10호
• 2~3가닥 : 5~7호

실 가르기
① 한 가닥씩 뽑아 다시 합쳐서 사용합니다.
② 2가닥이나 3가닥을 한꺼번에 잡고 서서히 갈라서 사용합니다.

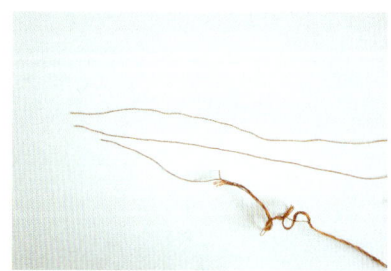 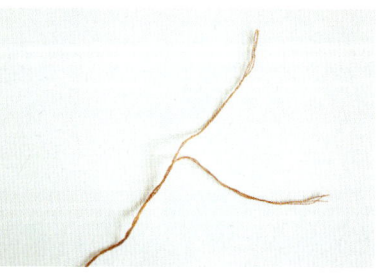

실 끼우기 ① 실을 잘 정리하고 끝을 잘라준 뒤 바늘에 끼워주세요.
② 실을 끼우기 어려운 분들은 실 끼우개를 사용해주세요.

수틀 사용하기 ① 수틀의 나사를 풀어줍니다.
② 수틀의 안쪽 프레임을 아래에 두고 그 위에 패브릭을 올립니다.
③ 바깥쪽 프레임을 제일 위에 올려 끼운 뒤, 나사를 조여 바짝 고정하고 나서 수를 놓으세요.

매듭짓기 시작 : 실 위에 바늘을 얹고, 왼손으로 실의 긴 쪽을 2회 돌려 감은 다음, 오른손으로 눌러 잡아 바늘 밑으로 당겨 끝부분에서 힘을 주면 매듭이 만들어집니다.

  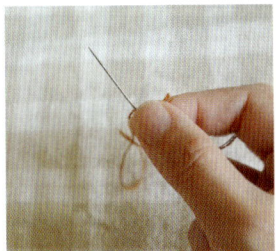

마무리 패브릭에 바짝 붙여서 매듭을 짓고 잘라주세요. 매듭을 짓지 않고 수를 놓은 실 사이를 여러 번 통과하여 마무리를 하는 방법도 있습니다.

세탁과 손질 자수천은 수를 놓기 전에 세탁하는 것이 좋습니다. 자수를 놓은 후에 세탁을 할 경우에는 비벼 빨지 말고 중성세제에 담가두었다가 조물조물 주무른 뒤 짜지 말고 널어 말리는 게 좋습니다.

Stitch Technique

• 스티치 기법 11가지 •

Running Stitch | 러닝 스티치

Back Stitch | 백 스티치

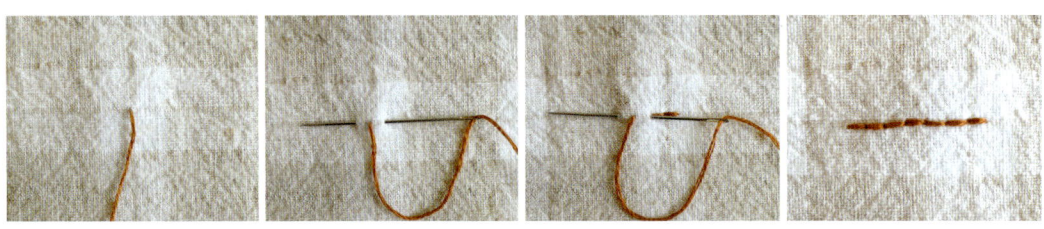

Outline Stitch | 아우트라인 스티치

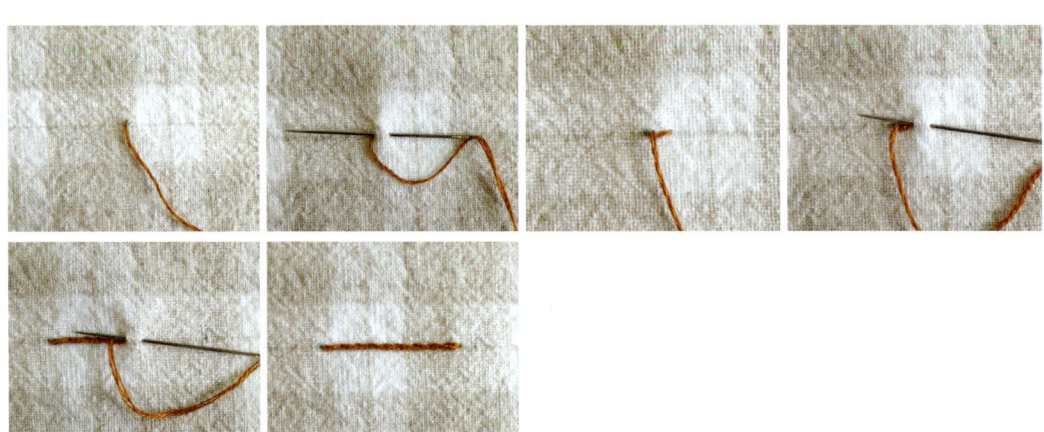

Satin Stitch | 새틴 스티치

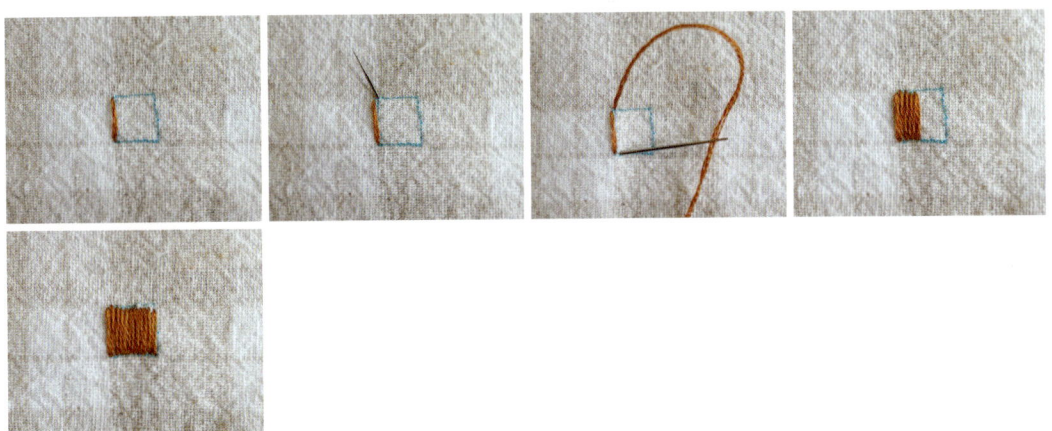

Lazy Daisy Stitch | 레이지 데이지 스티치

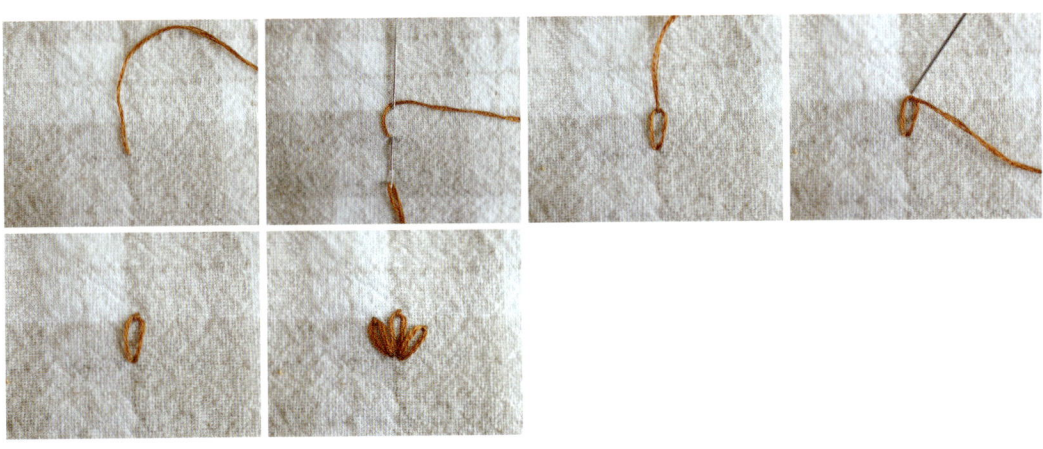

Free Stitch | 프리 스티치

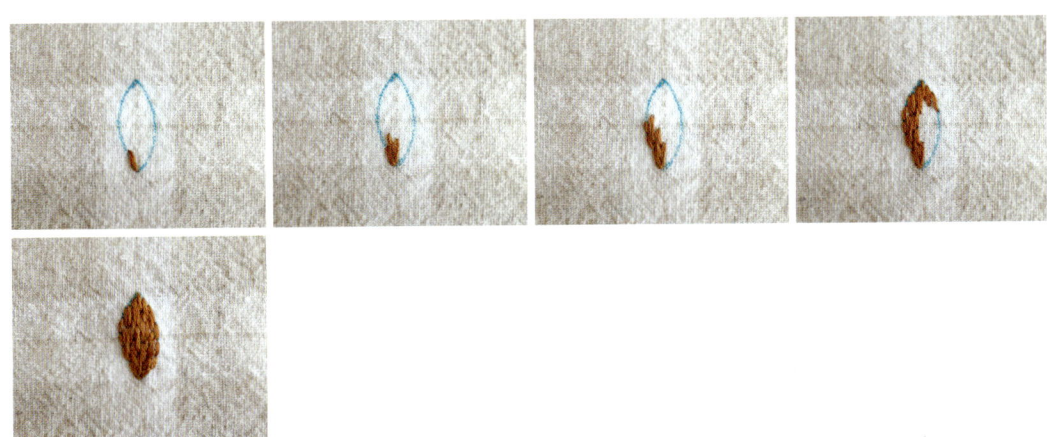

French Knot Stitch | 프렌치 노트 스티치

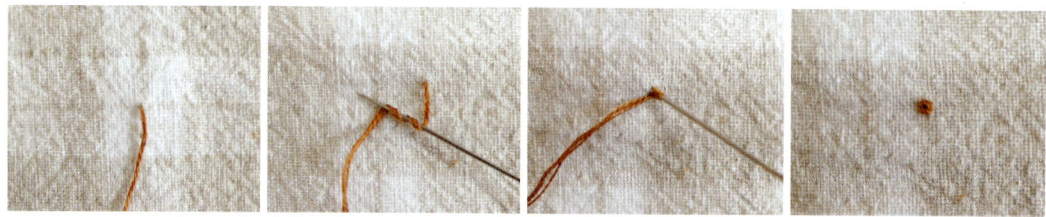

Straight Stitch | 스트레이트 스티치

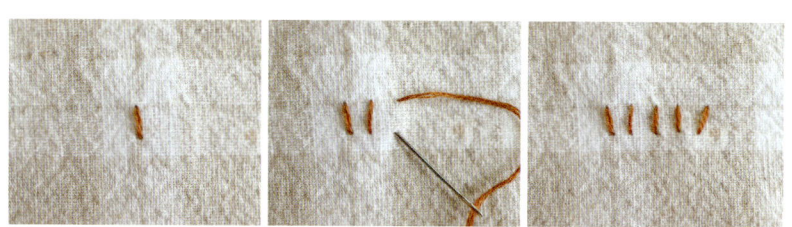

Granitos Stitch | 그라니토스 스티치

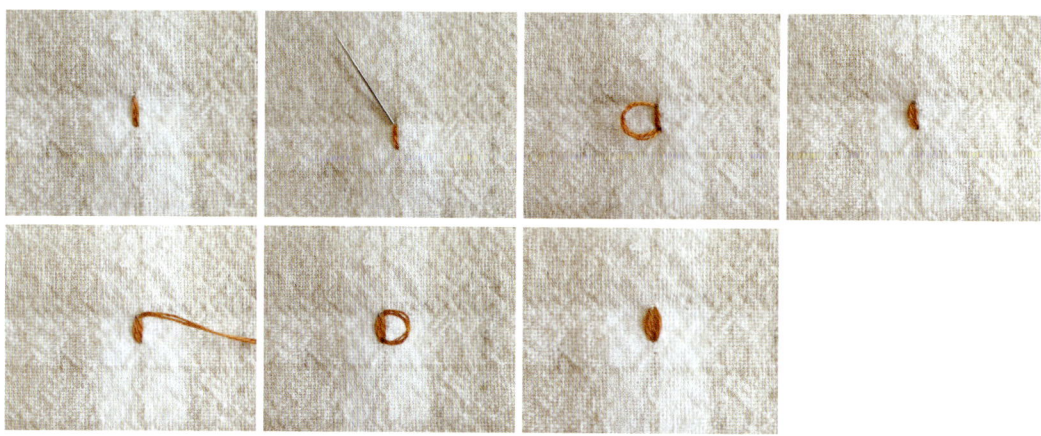

Fly Stitich | 플라이 스티치

Back Split Stitich | 백스플리트 스티치

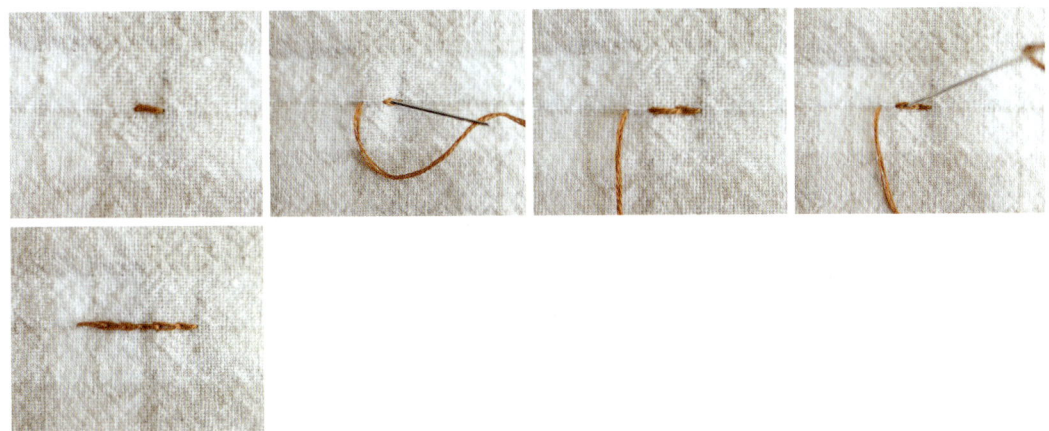

프랑스 자수를 수놓아 다양한 소품을 만들어보세요.

도안 전체를 수놓아도 좋고, 일부만 수놓아도 좋습니다.

프랑스 자수로 나만의 소품을 만들어보세요.

꽃과 모자

도안 p.79

소녀스런 파스텔톤의 색감으로 앙증맞은 아기의 사랑스러움을 표현했어요.
베개나 이불 끄트머리에 수놓거나 테이블매트, 아이 옷에 수놓아도 잘 어울립니다.

How to make

- 사용한 실 •　162, 316, 370, 434, 435, 436, 471, 519, 712, 722, 743, 745, 922, 3052, 3743, 3855
- 사용한 스티치 •　그라니토스S, 러닝S, 레이지 데이지S, 백S, 새틴S, 아우트라인S, 프렌치 노트S

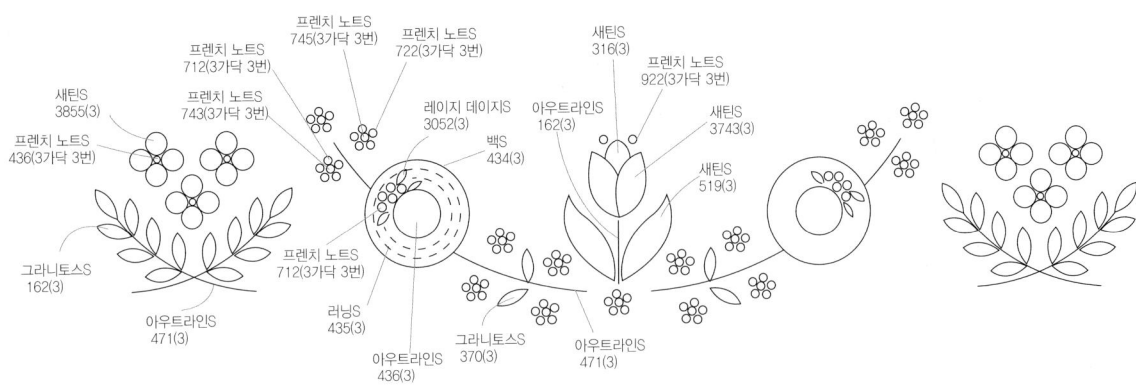

소년, 소녀, 아기 오리

도안 p.80

작고 귀여운 도안이에요.
아이 블라우스, 턱받이, 아기 저고리에 수놓아보세요.
소년, 소녀 와펜은 옷, 가방, 파우치에 붙여 선물해도 좋아요.

- 사용한 실 • 370, 433, 434, 563, 648, 680, 742, 745, 760, 922, 931, 932, 977, 3031, 3042, 3346, 3821, 3865, white
- 사용한 스티치 • 레이지 데이지S, 백S, 새틴S, 스트레이트S, 아우트라인S, 프렌치 노트S, 플라이S

How to make

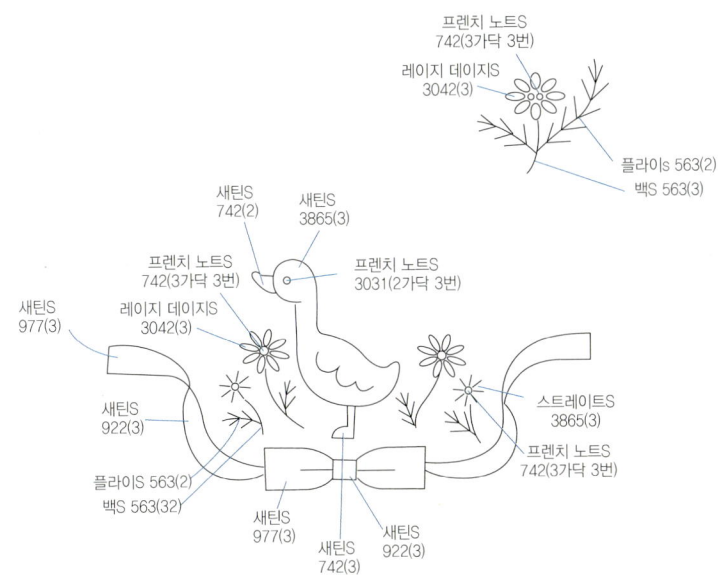

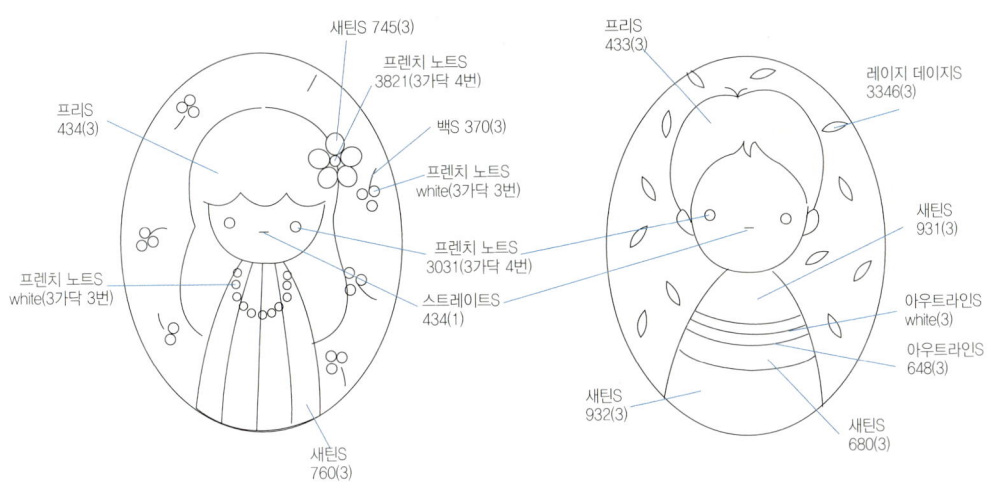

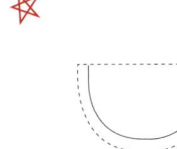

1. 아이보리 원단을 얼굴선보다 조금 크게 잘라서 도안에 올려 얼굴선에 맞춰 접어가며 공그르기해준다.(아플리케 작업)

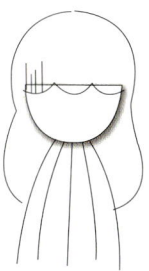

2. 그 위로 머리를 프리스티치로 메우고, 눈과 코를 수놓는다. 볼은 색연필로 연하게 칠해준다.

꽃밭 위 강아지

도안 p.81

작은 강아지가 들판에 서 있는 귀여운 도안이에요.
뒷모습이지만 귀여운 엉덩이만으로도 표정이 느껴지지 않나요? 필통에 포인트가 되는 자수예요.

How to make

- 사용한 실 • 322, 472, 827, 896, 898, 3041, 3346, 3347, 3823, w303, w991, white
- 사용한 스티치 • 그라니토스S, 레이지 데이지S, 백스플리트S, 새틴S, 스트레이트S, 아우트라인S, 프렌치 노트S, 프리S

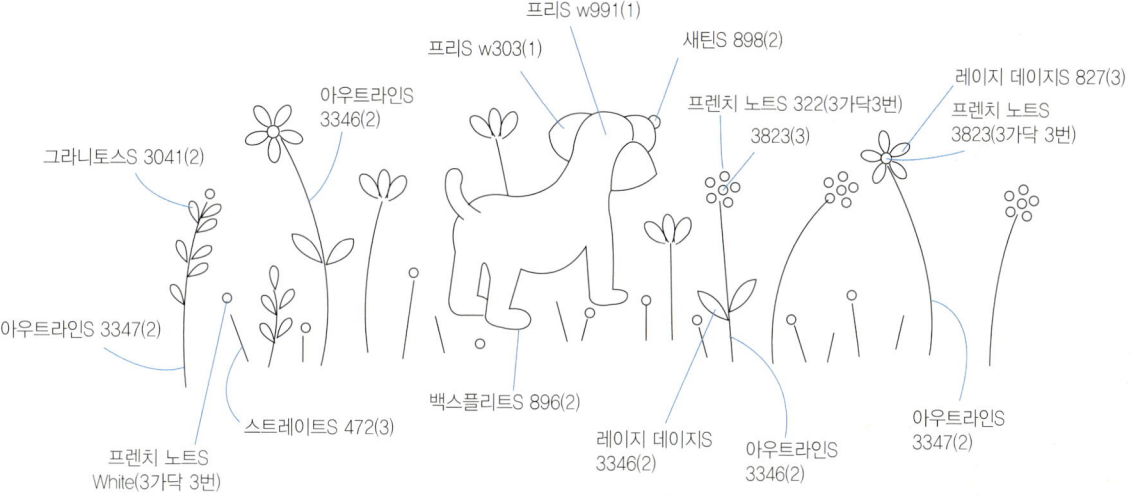

내 이름은 삐삐 롱스타킹

도안 p.82

어릴 적 즐겨 보던 「삐삐롱스타킹」의 주인공인 힘이 센 말괄량이 천하무적 삐삐.
삐삐가 말을 들어올린 파워 괴력의 장면은 지금도 잊을 수 없어요.
혹시 삐삐를 수놓으면 힘이 샘솟지 않을까요?

How to make

- 사용한 실 • 351, 352, 370, 420, 524, 743, 744, 827, 904, 920, 922, 937, 948, 977, 3371, 3753, 3771, ecru, white
- 사용한 스티치 • 레이지 데이지S, 백S, 새틴S, 스트레이트S, 아우트라인S, 프렌치 노트S, 플라이S
- 기타 • 하얀 비즈

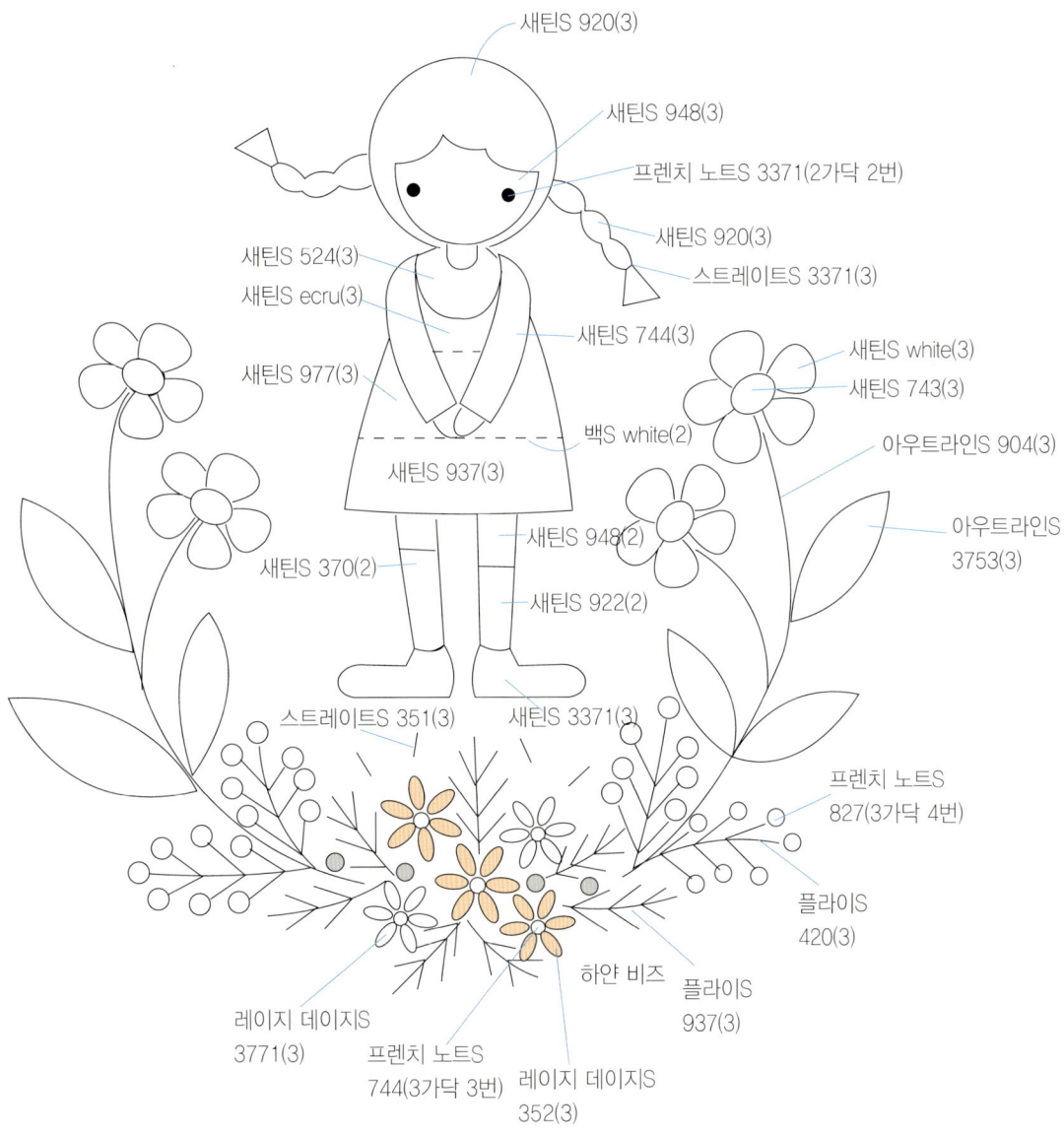

새틴S 920(3)
새틴S 948(3)
프렌치 노트S 3371(2가닥 2번)
새틴S 524(3)
새틴S 920(3)
새틴S ecru(3)
스트레이트S 3371(3)
새틴S 744(3)
새틴S white(3)
새틴S 977(3)
새틴S 743(3)
백S white(2)
아우트라인S 904(3)
새틴S 937(3)
새틴S 948(2)
아우트라인S 3753(3)
새틴S 370(2)
새틴S 922(2)
스트레이트S 351(3)
새틴S 3371(3)
프렌치 노트S 827(3가닥 4번)
플라이S 420(3)
레이지 데이지S 3771(3)
플라이S 937(3)
하얀 비즈
프렌치 노트S 744(3가닥 3번)
레이지 데이지S 352(3)

화분 삼형제

도안 p.83

따스한 봄 햇살이 느껴지는 자수예요.
하늘하늘한 꽃 화분 자수를 수놓아 작은 액자나 브로치로 활용해보세요.
초보자도 쉽게 수놓을 수 있는 아주 간단한 자수예요.
천을 덧대어 붙여 새로운 느낌을 주었어요.

- 사용한 실 • 211, 340, 349, 370, 471, 610, 743, 758, 904, 3031, 3051, 3347, 3354, 3363, 3364, 3371, 3821, 3862, w842
- 사용한 스티치 • 레이지 데이지S, 백S, 백스플리트S, 스트레이트S, 아우트라인S, 프렌치 노트S, 플라이S

How to make

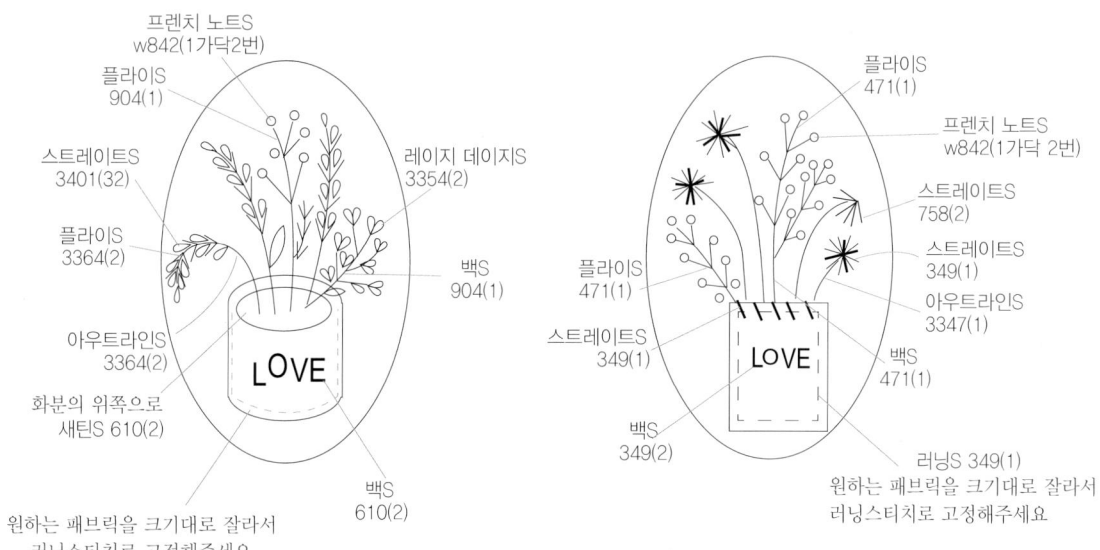

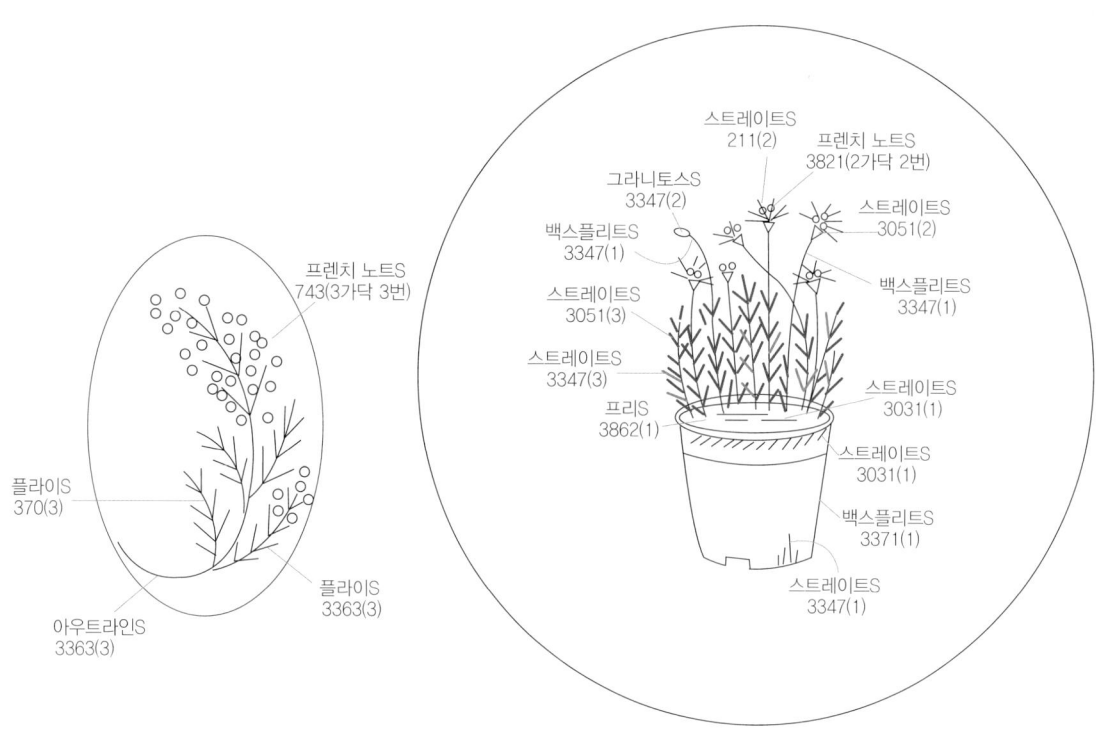

펭귄 가족

도안 p.84

살인적인 폭염이 계속되던 무더위의 한가운데에서 수를 놓았던 작품이에요.
차가운 얼음이 연상되도록 그레이톤에 화이트와 블랙의 실만을 사용했어요.
모던하면서 세련미가 있는 깔끔한 액자예요.

- 사용한 실 •   310, w842, white
- 사용한 스티치 •   레이지 데이지S, 백S, 백스플리트S, 새틴S, 스트레이트S, 아우트라인S, 프렌치 노트S, 프리S, 플라이S
- 기타 •   비즈

How to make

on the Table

도안 p.85

어느 더운 날 카페에서 만난 수박주스.
눈이 즐거운 비주얼에 반해서 집에 오자마자 실로 표현해보았어요.
이렇게 꽃바구니가 있는 테이블 위에 수박주스와 커피 한잔이 함께한다면 더 행복해지겠지요?

- 사용한 실 •   160, 166, 300, 310, 340, 350, 351, 368, 372, 434, 435, 471, 597, 725, 760, 761, 813, 819, 827, 840, 3346, 3347, 3827, 3855, white
- 사용한 스티치 •   그라니토스S, 레이지 데이지S, 백스플리트S, 스트레이트S, 아우트라인S, 프렌치 노트S, 프리S, 플라이S
- 기타 •   비즈

How to make

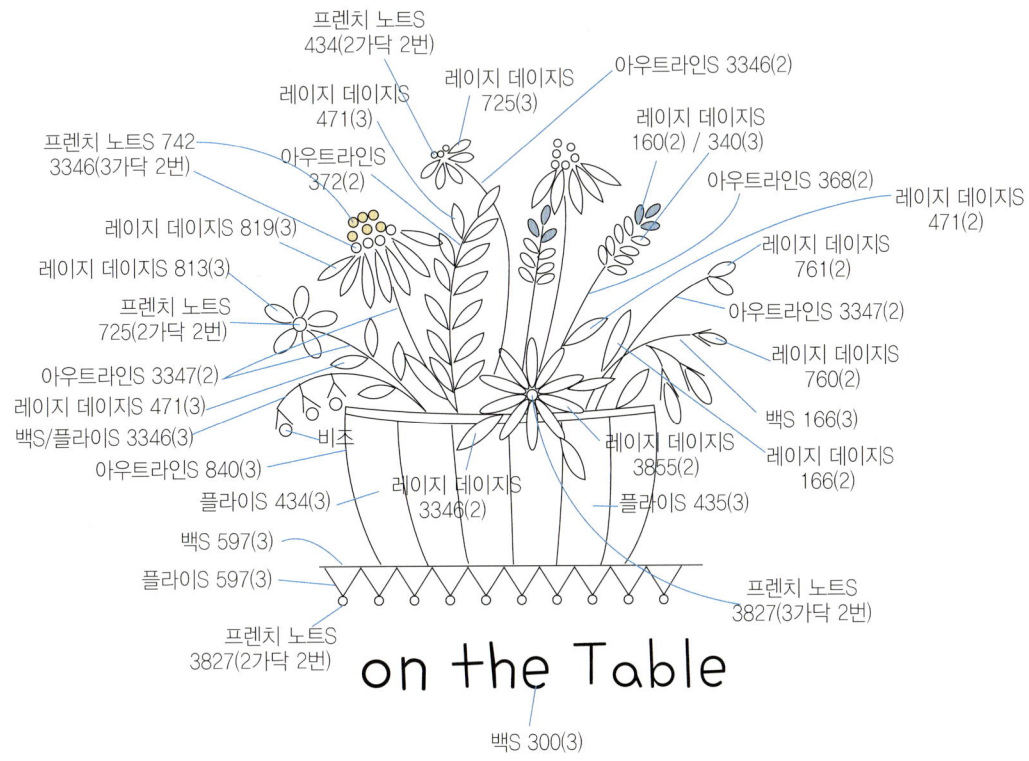

on the Table

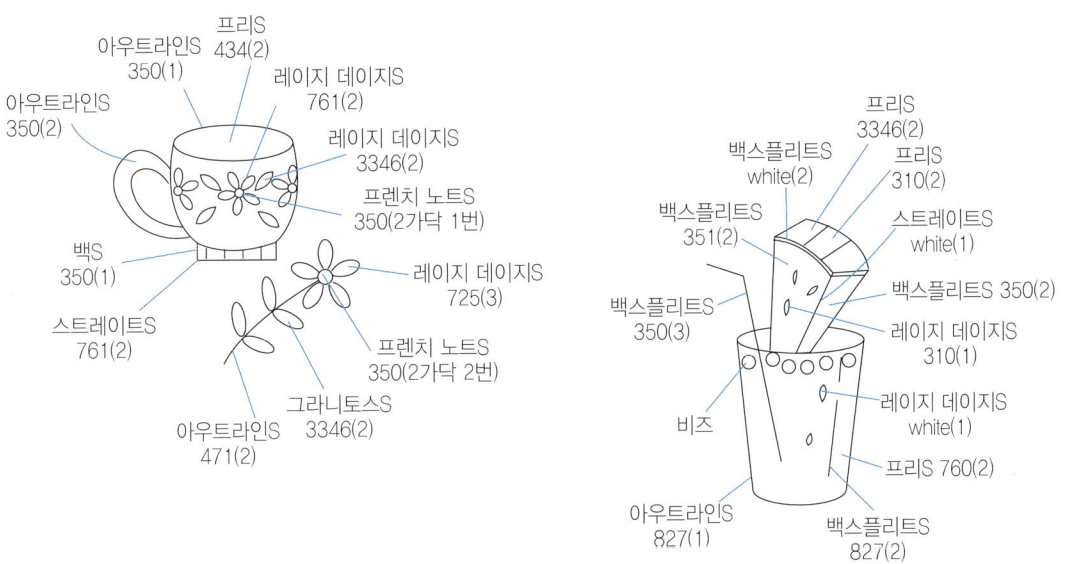

강아지 산책

도안 p.86

나와 함께한 지 이제 7년, 이 사진을 찍을 때 나무는 함께한 지 4년 정도 되었을 때예요.
그때보다 사랑은 더 깊어졌지만, 가끔은 늘 옆에 있어 소홀해져요.
그래서 사무치게 미안한 맘이 들 때면 숨을 못 쉴 만큼 껴안아요.

How to make

- 사용한 실 •   310, 320, 351, 422, 453, 469, 471, 646, 839, 844, 920, 3011, 3031, 3064, 3772, 3821, 3862, 3864, white

- 사용한 스티치 •   레이지 데이지S, 백S, 백스플리트S, 새틴S, 스트레이트S, 프렌치 노트S, 프리S

- 기타 •   모쿠바리본 3.5mm 364번, 379번

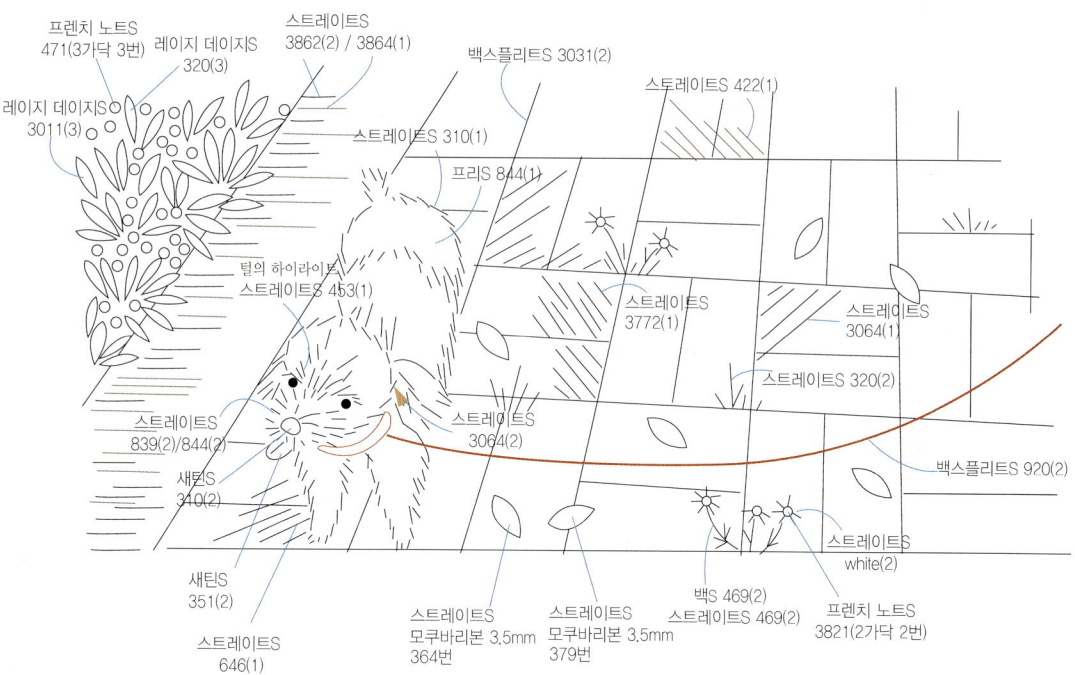

빈티지숍

도안 p.87

4년 전 공방을 이전하고 빈티지 숍을 접할 기회가 참 많아졌어요.
시간이 흐를수록 그 멋스러움에 흠뻑 취해 이젠 빈티지를 하나둘씩 사모으는 마니아가 되었어요.
세월의 흔적만으로도 아름다운 빈티지는 시간을 소중히 생각해야겠다는 마음이 들게 해요.

How to make

- 사용한 실 • 163, 351, 433, 452, 469, 613, 676, 712, 801, 825, 838, 841, 938, 3046, 3052, 3345, 3347, 3371, 3821, 3862, 3863, 3882, 3884, 3895, w842, white

- 사용한 스티치 • 레이지 데이지S, 백S, 백스플리트S, 새틴S, 스트레이트S, 아우트라인S, 프렌치 노트S, 플라이S

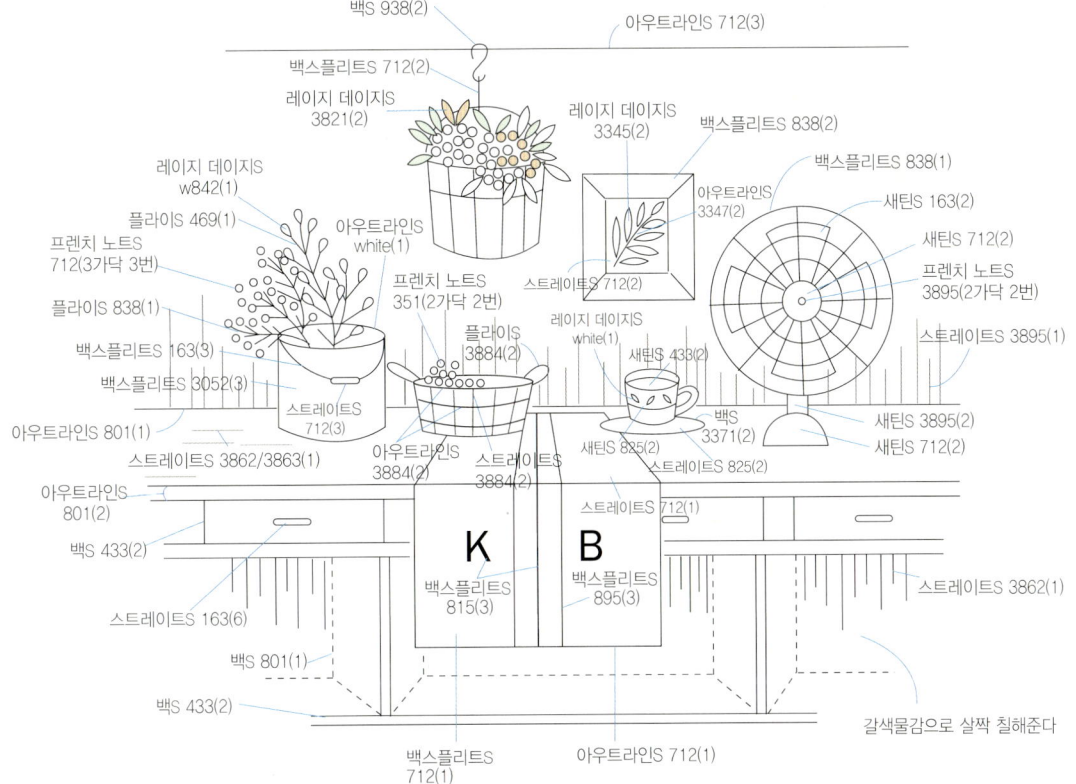

다람쥐 커플

도안 p.88

가끔 우드토이를 수놓아보기도 하는데요.
하트 패턴을 기본으로 동화 같은 따스한 색감과 분위기로 어우러지게 도안을 그려보았어요.
액자로 활용하거나 아기 이불, 가방에 활용해도 좋아요.

How to make

- 사용한 실 • 370, 433, 434, 436, 453, 469, 471, 523, 611, 646, 725, 729, 739, 744, 745, 793, 794, 827, 840, 841, 919, 922, 948, 3031, 3052, 3347, 3371, 3752, 3772, 3776, 3821, 3853, 3863, 3864, white, 금사

- 사용한 스티치 • 그라니토스S, 레이지 데이지S, 백S, 백스플리트S, 새틴S, 스트레이트S, 아우트라인S, 프렌치 노트S, 프리S, 플라이S

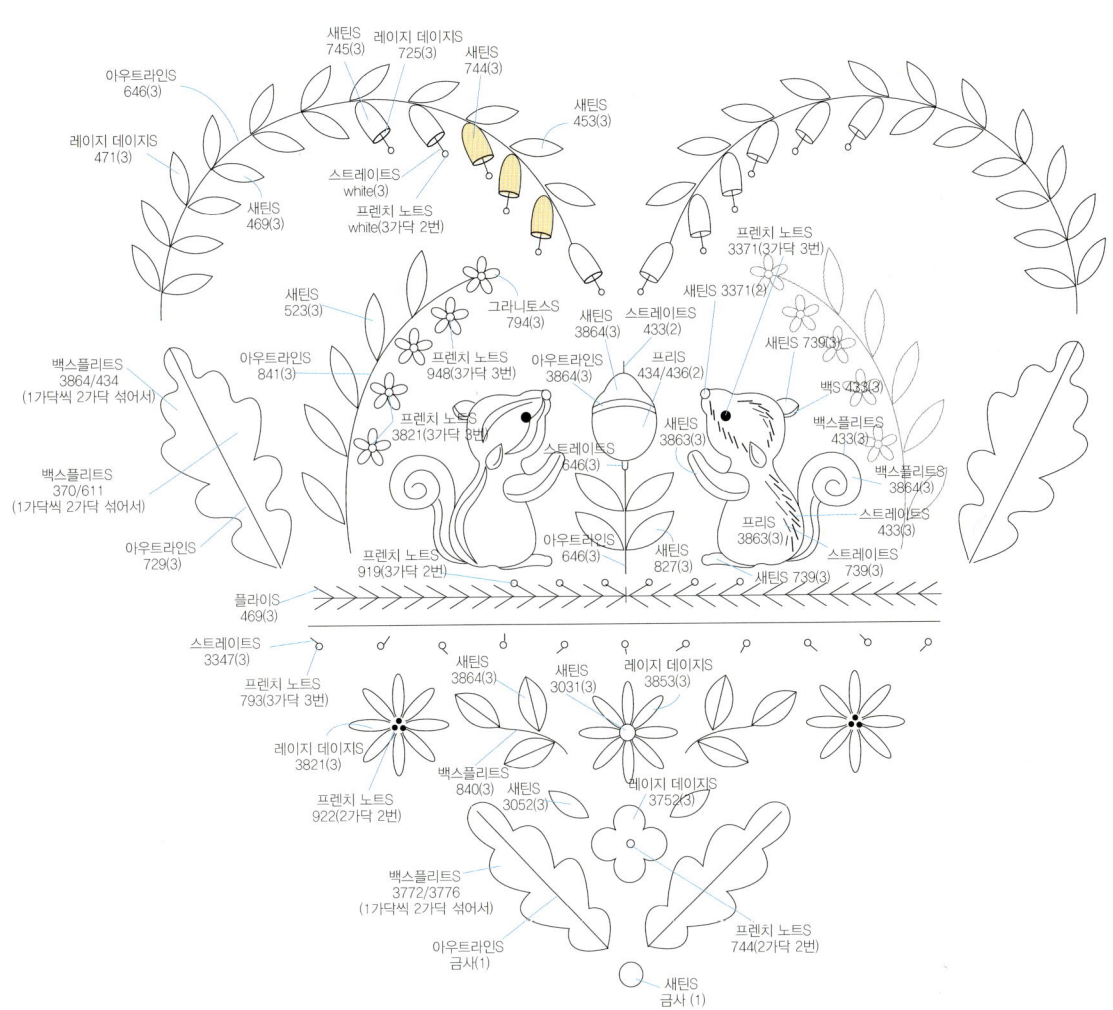

착한 마음

도안 p.89

비가 내리는 날 소녀가 화분에게 우산을 씌워주고 있어요.
소녀의 착하고 순수한 예쁜 마음을 담았어요.
주변의 친구들에게 힘이 되어주는 사람이 되고 싶다는 바람을 담아서 수채화의 느낌으로 표현해보았어요.

How to make

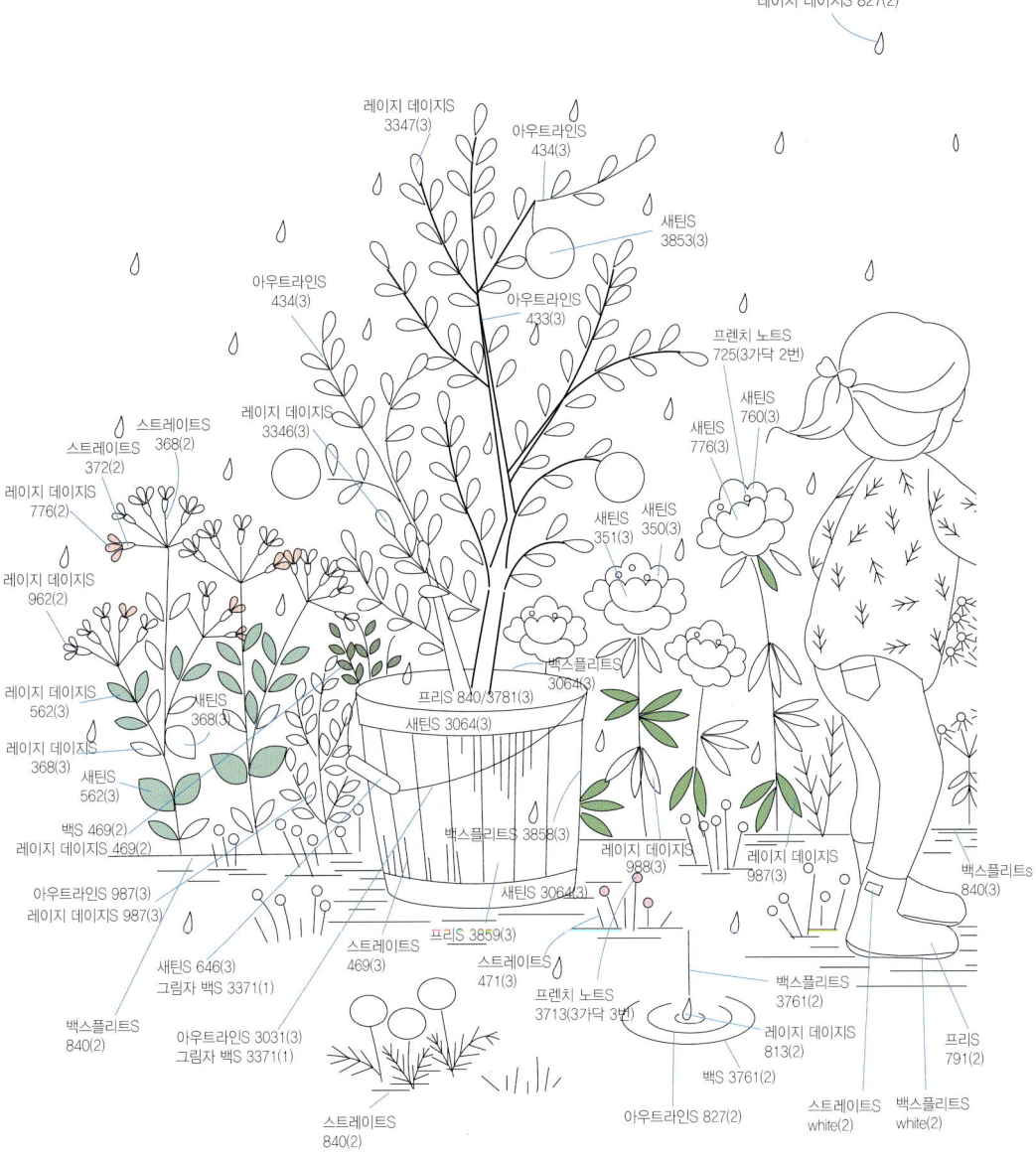

- 사용한 실 • 160, 301, 350, 351, 367, 368, 370, 372, 420, 433, 434, 435, 469, 469, 471, 562, 646, 718, 725, 742, 758, 760, 776, 791, 797, 813, 827, 840, 938, 962, 987, 988, 3031, 3052, 3064, 3346, 3347, 3371, 3713, 3761, 3781, 3837, 3853, 3855, 3858, 3859, 3862, 3895, white
- 사용한 스티치 • 러닝S, 레이지 데이지S, 백S, 백스플리트S, 새틴S, 스트레이트S, 아우트라인S, 프렌치 노트S, 프리S, 플라이S

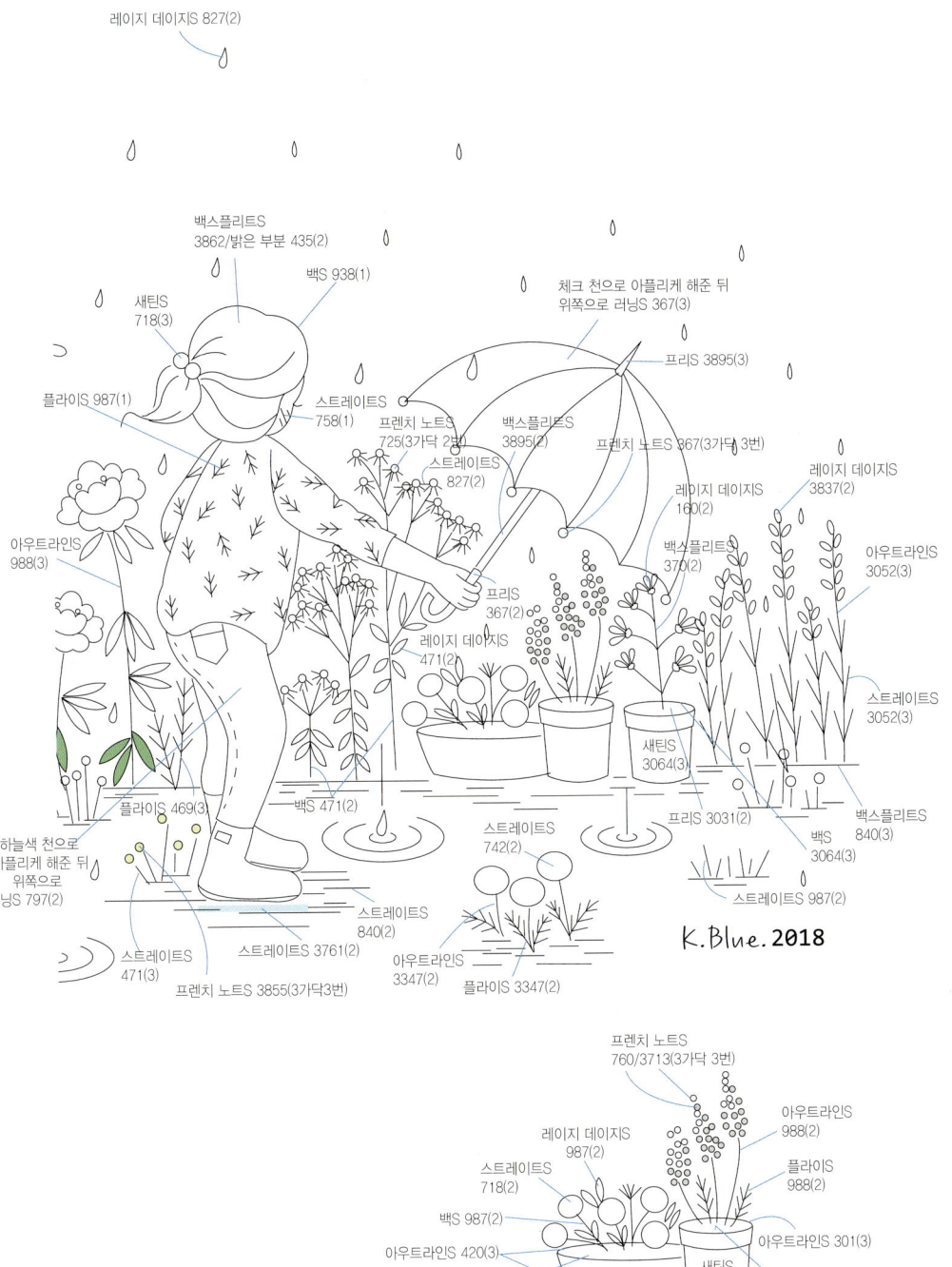

열두띠동물

도안 p.90

열두 띠의 동물을 액자로 만들어보았어요.
각각의 띠 동물로도 활용범위가 아주 넓은 귀여운 동물 그림입니다.
소중한 내 아기에게도, 소중한 다른 이에게도 특별한 선물이 되어줄 거예요.

How to make

- 사용한 실 • 224, 225, 351, 356, 420, 433, 434, 435, 436, 452, 453, 519, 543, 676, 712, 739, 758, 827, 898, 920, 921, 932, 936, 937, 950, 3052, 3821, 3829, 3859, 3863, 3864, 3888, 3893, 3895

- 사용한 스티치 • 레이지 데이지S, 백S, 백스플리트S, 새틴S, 스트레이트S, 아우트라인S, 프렌치 노트S, 프리S

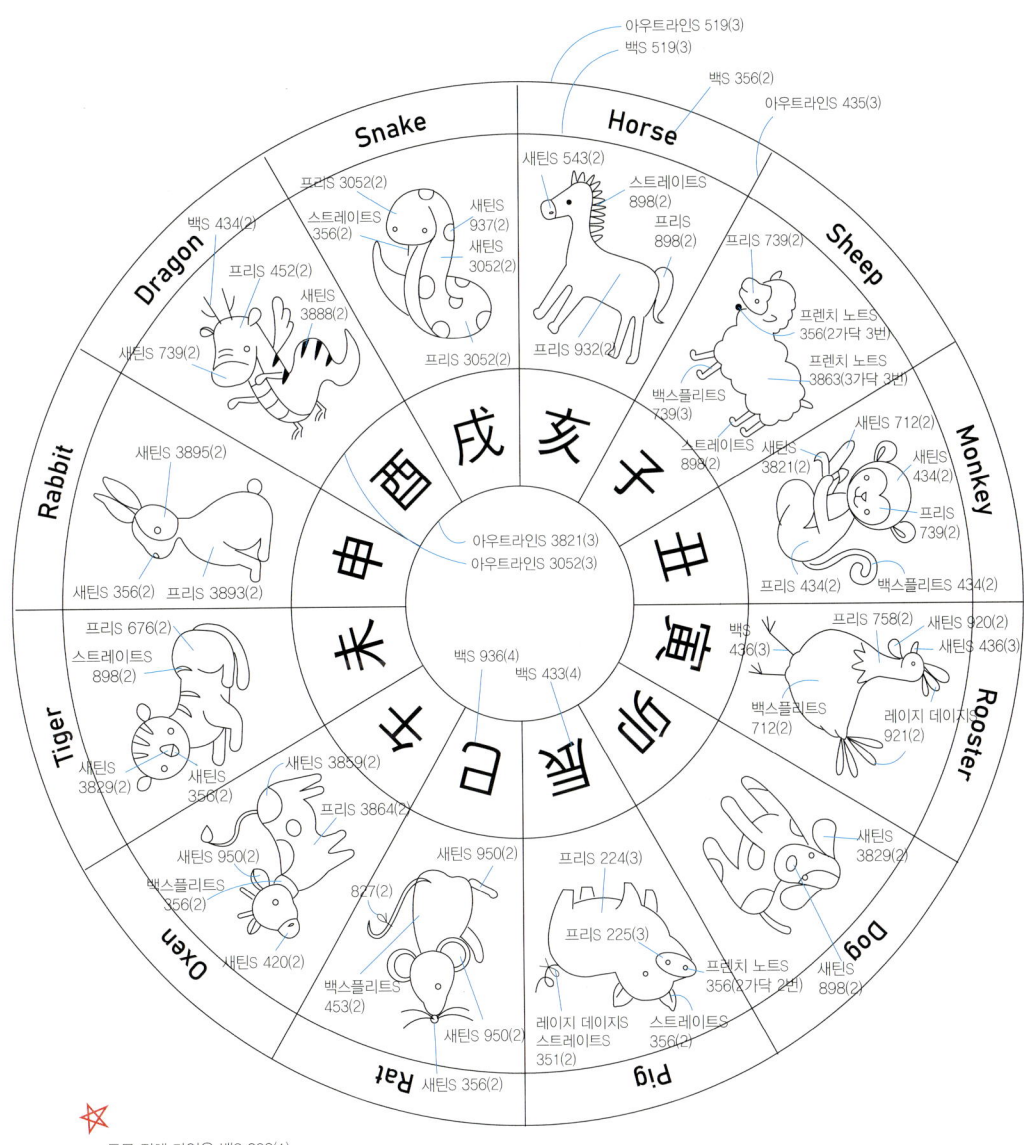

- 동물 전체 라인은 백S 898(1)
- 동물의 눈은 프렌치 노트S 3031(2가닥 2번)
  (돼지, 쥐, 뱀, 토끼는 2가닥 3번)

숲속의 소녀

도안 p.91

나이가 들수록 자연 속에 파묻히고 싶다는 생각을 자주 해요.
비가 온 다음 날, 집을 나설 때 비에 젖어진 초록이의 내음이 퍼질 때 기분이 절로 평온해짐을 느껴요.
초록의 평온함을 담은 작품이에요. 액자로 만들어 걸어두고 매일매일 눈으로나마 힐링해보세요.

How to make

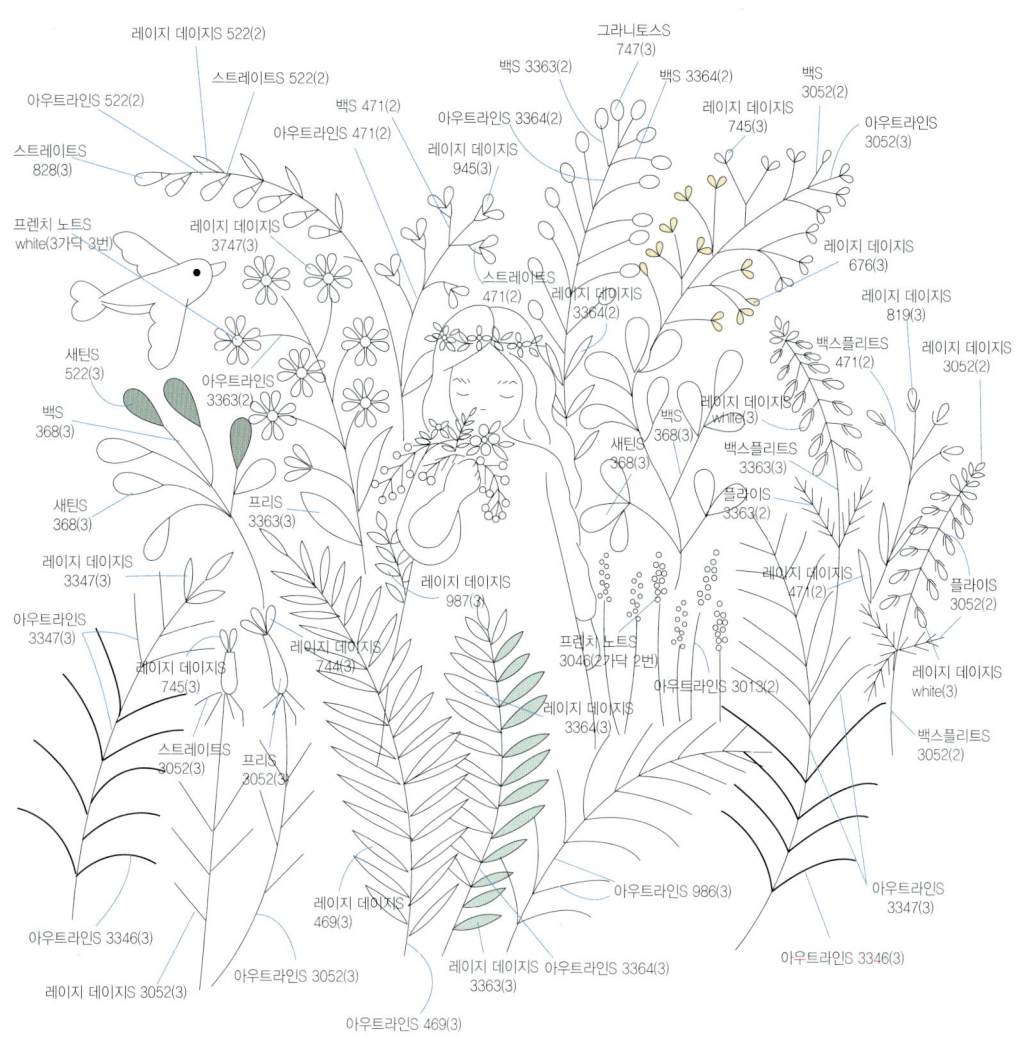

- 사용한 실 • 341, 368, 434, 436, 469, 471, 522, 543, 676, 744, 745, 746, 747, 758, 819, 827, 828, 945, 986, 987, 3013, 3031, 3046, 3052, 3346, 3347, 3363, 3364, 3747, 3755, 3882, white

- 사용한 스티치 • 그라니토스S, 레이지 데이지S, 백S, 백스플리트S, 새틴S, 스트레이트S, 아우트라인S, 프렌치 노트S, 프리S, 플라이S

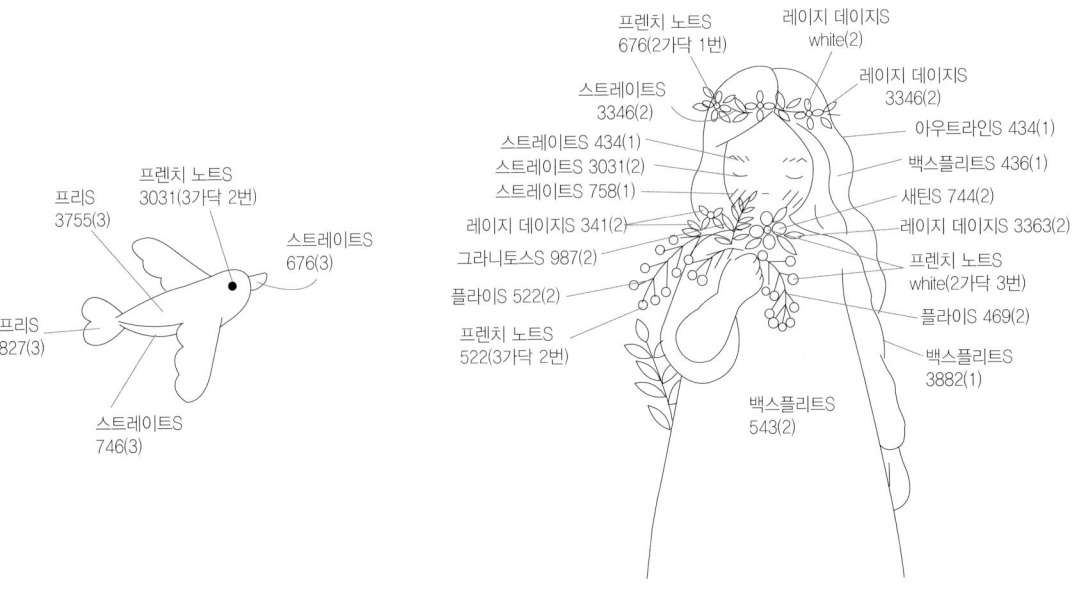

꽃밭에서

도안 p.92

강렬한 색감을 사용해서 어디에 두어도 눈에 띄는 꽃 패턴이에요.
액자로 활용해도 화사한 분위기를 낼 수 있어요. 쿠션이나 가방으로 만들어도 포인트가 되고요.
모던한 느낌과 빈티지한 느낌에도 잘 어우러져요.

- 사용한 실 •   209, 210, 350, 351, 368, 562, 725, 761, 813, 827, 962, 987, 3348, 3855
- 사용한 스티치 •   백S, 새틴S, 아우트라인S, 프렌치 노트S

How to make

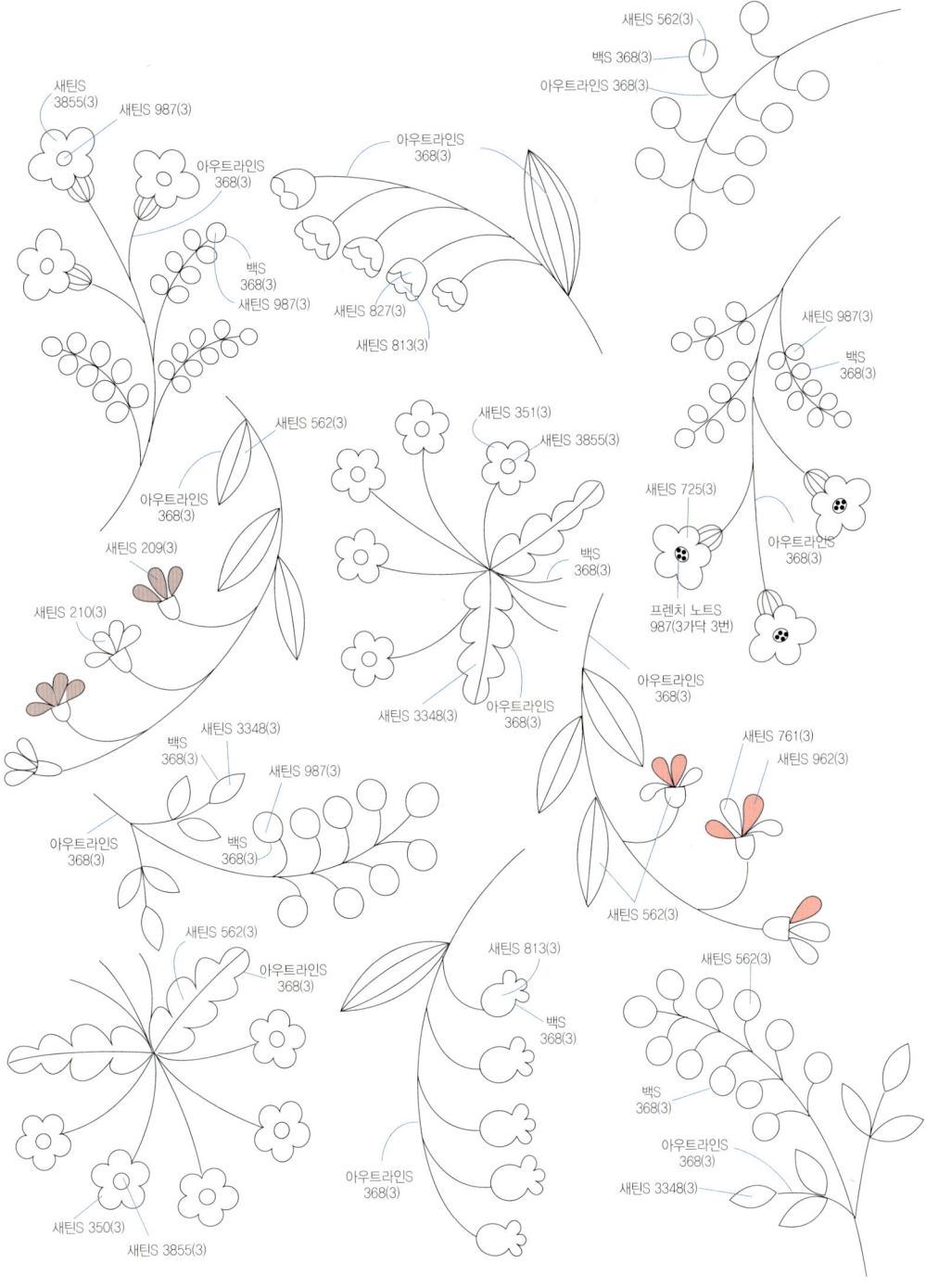

프랑스 자수 도안

• 꽃과 모자 도안 •

가로 23cm

작품 & 수놓는 법 p.22

• 소년, 소녀, 아기 오리 도안 •

실제 사이즈

작품 & 수놓는 법 p.26

• 꽃밭 위 강아지 도안 •

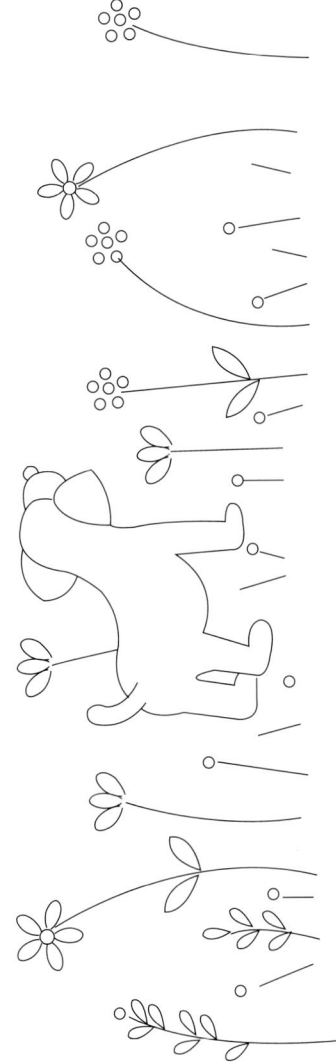

실제 사이즈

작품 & 수놓는 법 p.30

• 내 이름은 삐삐 롱스타킹 도안 •

실제 사이즈

작품 & 수놓는 법 p.34

• 화분 삼형제 도안 •

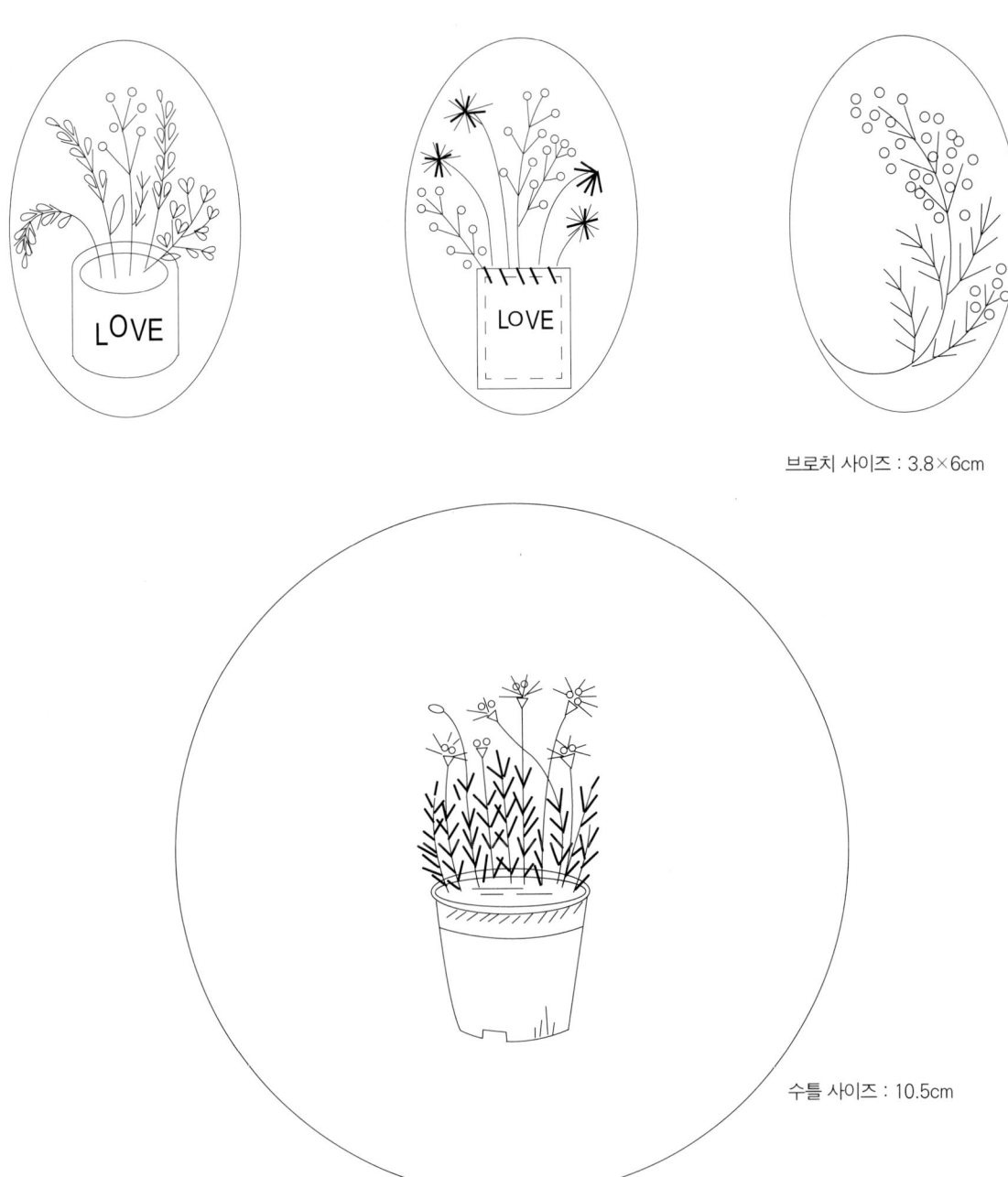

브로치 사이즈 : 3.8×6cm

수틀 사이즈 : 10.5cm

작품 & 수놓는 법 p.38

• 펭귄 가족 도안 •

작품 & 수놓는 법 p.42

가로 20cm, 세로 29cm

• on the Table 도안 •

실제 사이즈

작품 & 수놓는 법 p.46

• 강아지 산책 도안 •

가로 18cm

작품 & 수놓는 법 p.50

• 빈티지 숍 도안 •

수틀 사이즈 : 15.5cm

작품 & 수놓는 법 p.54

• 다람쥐 커플 도안 •

세로 18cm

작품 & 수놓는 법 p.58

· 착한 마음 도안 ·

가로 30cm

작품 & 수놓는 법 p.62

• 열두띠 동물 도안 •

지름 20cm

작품 & 수놓는 법 p.66

• 숲속의 소녀 도안 •

가로 20cm

작품 & 수놓는 법 p.70

· 꽃밭에서 도안 ·

작품 & 수놓는 법 p.74　　　　　세로 29cm